AF257652

MÉMOIRE A CONSULTER

POUR

LES COLONS DE LA GUYANE FRANÇAISE,

SPOLIÉS

PAR LA VIOLATION DE LA CAPITULATION DU 12 JANVIER 1809

AVEC LE PORTUGAL.

PARIS,

IMPRIMERIE DE BÉTHUNE ET PLON,
RUE DE VAUGIRARD, N° 36.

1839.

MÉMOIRE A CONSULTER

MÉMOIRE A CONSULTER

POUR

LES COLONS DE LA GUYANE FRANÇAISE,

SPOLIÉS

PAR LA VIOLATION DE LA CAPITULATION DU 12 JANVIER 1809

AVEC LE PORTUGAL.

Depuis plus de 25 ans, des Français, au mépris d'une capitulation qui devait être sacrée, ont été spoliés de leurs propriétés. Depuis le moment où cette spoliation a eu lieu, ces Français n'ont pas cessé d'élever leur voix pour s'en plaindre; aussitôt que la paix les eut délivrés du joug de l'ennemi, c'est-à-dire depuis 1817, ils ont réclamé, et ils ne peuvent obtenir la restitution de ce qui leur a été injustement enlevé.... Est-ce donc à une puissance formidable que ces réclamations s'adressent?... Faut-il aller jusqu'au cœur d'un puissant empire les appuyer les armes à la main? L'équité s'oppose-t-elle à ce que le gouvernement spoliateur soit privé, par compensation, de ce qui lui appartient, pour rendre à des Français, long-temps opprimés, ce qui leur est légitimement dû?

Cette puissance est le Portugal; ce qui forme la garantie des Français spoliés est sous la main même de notre gouvernement, la France enfin a le bon droit pour elle.

Les Portugais, secondés par une division de la marine britannique, débarquèrent, au commencement de 1809, à la Guyane française pour en faire la conquête.

La crainte d'une insurrection parmi les noirs de la colonie, insurrection que fomentaient les ennemis, et l'obtention d'une capitulation en vertu de laquelle *les propriétés devaient être respectées*, furent les motifs qui déterminèrent le gouverneur d'alors à se rendre et à livrer la Guyane aux forces combinées des Anglais et des Portugais, car la colonie n'avait pas épuisé tous ses moyens de défense.

Les articles 9 et 10 de la capitulation du 12 janvier 1809, par suite de laquelle les Portugais furent investis de la possession de la Guyane française, portent expressément « que » les propriétés particulières, de quelque espèce et de quel- » que nature qu'elles puissent être, seront respectées; que » les habitants pourront en disposer comme par le passé; » qu'ils conserveront leurs propriétés et auront la faculté » d'y résider, en se conformant aux ordres et formes éta- » blis par la souveraineté portugaise. »

Cependant, malgré les termes formels de cette convention, par une ordonnance du 23 avril 1812, rendue par l'intendant-général de Cayenne et Guyane, au nom du prince régent du Portugal, les propriétés des personnes qui se trouvaient à la Guyane française lors de la conquête, et étaient parties pour France sans disposer de leurs biens, et les propriétés de quelque nature qu'elles fussent des individus qui, à la même époque, se trouvaient en France, et y étaient encore au moment de l'ordonnance, furent séqueŝtrées, et les revenus saisis et vendus au profit de l'administration portugaise.

On ne fit d'exceptions qu'en faveur des propriétés administrées par des pères pour leurs enfants résidant en France, et *vice versa;* pour celles administrées par un époux non divorcé ayant son épouse en France; et pour les propriétés des Français qui lors de la conquête se trouvaient en pays ami.

Ces dispositions, contraires à la loi expresse de la capitulation, ne furent exécutées qu'avec trop de rigueur; un grand nombre d'habitations, non-seulement furent séquestrées, mais encore beaucoup furent démembrées et ruinées par suite d'une mauvaise gestion. On se dispensait même des formes légales dans ces spoliations déguisées sous les noms de séquestres, d'échanges et de ventes. Il semblait qu'on voulait en dérober même les traces à l'avenir pour n'avoir pas à rougir d'une violation aussi manifeste du droit des gens, lorsqu'il y aurait lieu de rendre compte d'une conquête éphémère.

Ce jour arriva bientôt. La Guyane française devait être rendue à la France en vertu du traité de Paris du 30 mai 1814; mais le Portugal ayant refusé de ratifier, en ce qui le concernait, ce dernier traité, ce ne fut que par celui de Vienne du 9 juin 1815 que la restitution de la Guyane dut avoir lieu au moyen de l'annulation de l'article 10 du traité de Paris, dont les autres stipulations furent conservées.

La reprise de possession de la colonie, de la part de la France, s'effectua en 1817, et le gouvernement français fut saisi immédiatement après des réclamations des habitants spoliés au mépris de la capitulation du 12 janvier 1809. La quotité des pertes éprouvées fut constatée ; on en évalua le montant à environ trois millions.

Cependant, le Portugal avait eu aussi des prétentions à faire valoir contre la France. Lorsque les grandes puissances de l'Europe mirent l'épée du vainqueur dans la balance des traités de 1814 et 1815, leur auxiliaire, conquérant de la Guyane, ne fut pas oublié. Ces traités avaient stipulé les droits des créanciers étrangers contre le gouvernement français et réglé les formes à suivre pour la liquidation des créances à recouvrer (1).

Mais des difficultés nombreuses s'étaient élevées pour la constatation et la liquidation des réclamations que de tous côtés on produisait contre la France, regardée pour ainsi dire comme une proie depuis sa seconde occupation par les alliés. Pour terminer, les quatre grandes puissances convinrent avec la France d'accepter une somme à forfait pour satisfaire à toutes les demandes qu'on formait contre ce royaume ; et, en conséquence, par l'article 1er de la convention du 15 juin 1818, le gouvernement français s'engagea à faire inscrire sur le grand-livre de la dette publique, avec jouissance du 22 mars 1818, une rente de douze millions quarante mille francs, représentant un capital de deux cent quarante millions huit cent mille francs, à l'effet d'opérer l'extinction totale des dettes contractées par la France dans les pays hors de son territoire, envers des individus, des communes ou des établissements particuliers quelconques, dont le paiement était réclamé en vertu

(1) (Article 19 et suivants du traité de Paris du 30 mai 1814 ; article 9 du traité du 20 novembre 1815 ; convention du 20 novembre 1815.)

des traités du 30 mai 1814 et du 20 novembre 1815.

Par l'article 7 de la convention, la rente précitée fut répartie entre les diverses puissances alliées, et le Portugal fut compris dans cette répartition pour la somme de quarante mille neuf cents francs de rente.

Aux termes de la même convention (art. 15), les états qui n'étaient pas au nombre des puissances signataires de la convention, furent invités, d'après le concert préliminaire qui avait eu lieu entre leurs plénipotentiaires et lord Wellington, à faire remettre leur accession à la convention dans le délai de deux mois.

La rente fut créée et remise aux commissaires spéciaux des cours d'Autriche, de la Grande-Bretagne, de Prusse et de Russie, qui la distribuèrent aux états qui accédèrent à la convention.

Le Portugal seul ne donna pas son accession.

Le 17 mai 1821, le ministre des affaires étrangères écrivit à MM. Hély d'Oissel et d'Hauterive, conseillers d'état, «que » le gouvernement portugais n'avait pas encore donné son » accession à la convention du 15 juin 1818 ; qu'il en était » résulté que l'inscription de 40,900 fr. de rentes 5 p. 100, » qui était destinée par cette convention à acquitter les » créances des sujets du Portugal sur le gouvernement » français, était restée entre les mains des quatre commis- » saires spéciaux des cours d'Autriche, de la Grande-Bre- » tagne, de Prusse et de Russie; et qu'il était nécessaire » que cette inscription, ainsi que les arrérages échus jus- » qu'à ce jour, fussent retirés et mis en dépôt entre les » mains de deux commissaires du roi, qui toucheraient au » trésor royal les nouveaux arrérages à échoir et les em-

» ploieraient successivement en achats de nouvelles rentes. »

MM. Hély d'Oissel et d'Hauterive furent les commissaires royaux désignés ; ils retirèrent des mains des quatre commissaires spéciaux des puissances étrangères l'inscription de 40,900 fr. de rentes afférente au Portugal, et reçurent encore, tant de ces commissaires que du marquis de Marialva, ambassadeur du Portugal, et enfin du trésor royal, les semestres d'arrérages échus depuis le 22 mars 1818, montant ensemble à 122,700 fr., qu'ils convertirent immédiatement en acquisition d'une rente de 7,158 fr. 5 p. 100 sur le grand-livre.

Depuis, des inscriptions successives ont été acquises avec les intérêts perçus, de telle sorte qu'il y a maintenant au trésor une rente de plus de 100,000 fr., fruit de la répartition afférente au Portugal, par suite de la convention du 15 juin 1818.

M. le comte d'Hauterive étant mort depuis long-temps, M. Hély d'Oissel resta seul commissaire chargé de la rente précitée; celui-ci étant lui-même décédé, MM. Mignet et Maillard, conseillers d'état, en furent investis.

Il résulte, de l'exposé de ces faits, deux points principaux :

1° Droit non contesté et acquis des colons français de la Guyane à une indemnité contre le Portugal, pour violation de la capitulation du 12 janvier 1809 ;

2° Dépôt d'une somme consacrée par le gouvernement français à payer les réclamations des sujets portugais contre la France, en vertu du traité du 30 mai 1814, mais somme qui a toujours été considérée aussi « comme une » garantie en faveur des citoyens français créanciers du

» Portugal à divers titres. » (Lettre du ministre des affaires étrangères du 12 janvier 1836.)

Les colons de la Guyane , aussitôt qu'ils l'avaient pu , avaient fait entendre leurs justes réclamations. En 1817, M. le comte Carra Saint-Cyr , gouverneur de la colonie , eut ordre de faire constater les pertes d'une manière légale. Ce travail fut fait, et les pièces adressées au ministre de la marine et des colonies furent par lui transmises au ministre des affaires étrangères. Les députés de la Guyane française , sous la restauration , ont appuyé fortement les réclamations des colons du pays dont ils étaient les mandataires. En 1828 , ils commencèrent à s'adresser à la chambre des députés. Ils l'ont fait depuis plusieurs fois. Leurs pétitions ont été accueillies avec bienveillance et renvoyées aux ministres des affaires étrangères, de la marine et des finances.

Les colons avaient pu penser peut-être que, sous la restauration , pendant long-temps les souvenirs récents des désastres qui avaient amené les traités de 1814 et de 1815 avaient pu faire redouter d'en réveiller l'interprétation. Aussi après 1830 , ils crurent que leurs réclamations auraient une plus prompte solution. De quel espoir ne durent-ils pas se flatter lorsqu'une flotte française, forçant l'entrée du Tage, y fit entrevoir le drapeau tricolore comme arbitre souverain ! Et cependant tout cela ne fut que déception , et ces premiers principes du droit des gens qui permettent d'employer la prépondérance de la force militaire pour établir les droits justes et légitimes , ces principes furent oubliés et méconnus.

Les colons de la Guyane ne se fatiguèrent pas de réitérer

leurs plaintes. Le 26 mai 1833, leur délégué présenta à M. le duc de Broglie une note pour rappeler leurs réclamations. Le 17 juin 1833, M. le duc de Broglie lui répondit en ces termes : « Je ne perds pas de vue les intérêts des » Français qui ont des réclamations à faire valoir avec le » Portugal, et dès que les circonstances le permettront, » je m'empresserai de renouer la négociation qui avait été » entamée au sujet de ces réclamations sous le précédent » gouvernement, etc. »

Deux ans et demi se passèrent, et rien ne fut fait. Le conseil colonial de la Guyane, le gouverneur de cette colonie, font de nouveau entendre leur voix. Le président du conseil des délégués des colonies, M. Mauguin, au nom de ce conseil, chargé par la loi du 24 avril 1833 de suivre l'effet des vœux des conseils coloniaux auprès du gouvernement du roi, prie, par sa lettre du 4 janvier 1836, M. le ministre des affaires étrangères, d'avoir égard au vœu du conseil colonial de la Guyane émis dans sa session de 1835, relativement aux réclamations des habitants spoliés par l'administration portugaise. M. le duc de Broglie lui répond, le 12 janvier 1836, « que l'intention bien positive » du gouvernement est de s'occuper sérieusement de cette » affaire et de la mener à fin le plus promptement qu'il » sera possible ; que les Français qui en attendent la solu-» tion doivent être convaincus de sa sollicitude pour leurs » intérêts, et du soin qu'il apportera dans la défense de » tous les droits qui lui paraîtront fondés. »

Cette affaire, qui devait recevoir une solution *le plus promptement possible*, reste encore *in statu quo*.

Le 13 mai 1837, M. Bignon, député de la Loire-Infé-

rieure, demande des explications sur les résultats des réclamations des créanciers de la Guyane française contre le
Portugal.

M. l'amiral Rosamel, en l'absence du président du conseil, répond qu'il lui serait très-difficile de donner les renseignements que demande M. Bignon ; qu'il n'est pas au
courant de ce qui se passe aux affaires étrangères, mais
qu'il pourra, sous quelques jours, lundi, si la chambre le
désire, lui transmettre les renseignements qui sont de-
mandés.

Dans une séance suivante de la chambre des députés
(*Moniteur* du 20 mai 1837), M. Bignon renouvelle ses in-
terpellations sur l'affaire des réclamations des colons de la
Guyane contre le Portugal.

M. le ministre des affaires étrangères répond : « *Il y a*
» *peu de temps que cette affaire a été reprise, elle est soumise*
» *à un nouvel examen.* »

M. Mauguin prit alors la parole, exposa les faits relatifs
à la réclamation des colons de Cayenne contre le Portugal,
et fit sentir éloquemment l'urgence de faire droit à cette
réclamation.

M. le ministre des affaires étrangères répondit, que les
difficultés qui s'opposaient à la terminaison de cette affaire,
difficultés provenant du Portugal et non de la France, seraient bientôt levées; qu'il en avait l'espoir, et que c'était
l'objet de la négociation qui se poursuivait.

Il paraît que cette discussion fit quelque impression sur
le ministère; on réussit à rassembler une commission qui
devait terminer les différends relatifs aux réclamations
respectives de la France et du Portugal. Cette commission

fut composée pour la France de MM. le marquis de Gabriac, le marquis du Bouzet et le baron de Billing ; et de la part du Portugal, du chevalier Nuño Barbosa de Figueiredo, et du baron d'Alcochete.

Les réclamants français se réjouissaient déjà dans l'espoir d'obtenir une prompte solution de leur demande. Ils pensaient que la France ne laisserait pas échapper le dépôt qu'elle avait toujours considéré comme la garantie des créanciers français (lettre du ministre des affaires étrangères du 12 janvier 1836), et la capacité et le caractère des plénipotentiaires français donnaient lieu de croire que des droits légitimes seraient enfin consacrés.

Cependant la commission s'assembla en novembre 1837, et les plénipotentiaires français furent on ne peut plus surpris de voir que les pouvoirs des plénipotentiaires portugais ne s'étendaient nullement à la liquidation des réclamations des créanciers français, et qu'ils étaient restreints à la seule mission de percevoir la rente de 40,900 francs affectée au Portugal, par la convention du 15 juin 1818 !!!

La commission dut alors se séparer, et depuis, les choses en sont restées dans l'état où elles se trouvaient avant la nomination des commissaires.

Arrêtons-nous un moment ici et jetons nos regards en arrière pour examiner comment les réclamations si légitimes d'un grand nombre de Français ont été accueillies et conduites. C'est avec une profonde douleur que nous voyons pendant un aussi long espace de temps des intérêts aussi sacrés, négligés, ou, pour mieux dire, abandonnés. Sans parler des années qui ont précédé 1830, années pendant lesquelles on ne tentait qu'avec peine de remuer, par une équitable et courageuse interprétation, les traités de 1814 et 1815, arrivons à l'époque mémorable de la révolution de juillet.

En 1831, la flotte de Lisbonne est conduite à Brest par l'amiral Roussin; elle devait, elle aussi, servir de gage aux créanciers français : elle est rendue sans qu'on ait rien terminé, sans qu'on ait même songé à faire décider la question de l'indemnité due aux colons de Cayenne et garantie par la rente de 40,900 francs mise en dépôt depuis la convention du 15 juin 1818. Ainsi, le courage de nos marins a vainement franchi tous les obstacles; nous avons pu parler en maîtres, et nous oublions la stipulation d'intérêts sacrés ; et cependant en 1828, 1830 et 1831 même, des pétitions à la chambre des députés avaient signalé les réclamations des Français dépossédés.

Le 17 juin 1833, sur la demande du délégué de la Guyane, M. le ministre des affaires étrangères écrit : « qu'il s'empressera de renouer la négociation qui avait été » entamée au sujet des réclamations (contre le Portugal) » sous l'ancien gouvernement. » D'après cette assurance, on doit croire que quelque chose va se faire. Et cependant le même ministre (M. le duc de Broglie) écrit à M. Mauguin, président du conseil des délégués des colonies, le 12 janvier 1836 : « que l'intention du gouvernement est de » s'occuper sérieusement de cette affaire et de la mener à » fin le plus promptement possible. » Et le 19 mai 1837, M. le ministre des affaires étrangères déclare à la chambre : « qu'il y avait peu de temps que l'affaire était reprise !! »

En novembre 1837 on parvient à réunir des plénipotentiaires français pour s'occuper de l'affaire, et cette réunion ne produit rien, sinon la certitude du défaut de pouvoirs de la part des commissaires portugais.

Ainsi, lorsque l'on promet de *s'empresser* de renouer la négociation au sujet de la réclamation contre le Portugal, on reste *deux ans et demi* pour arriver à dire qu'on va enfin *s'occuper sérieusement* de cette réclamation. Seize mois se passent. A-t-on fait quelque chose en faveur des réclamants? Rien. Le ministre de la marine et des colonies, chargé de soutenir les demandes des conseils coloniaux, déclare à la tribune de la chambre des députés, qu'il ne sait pas ce qui se passe aux affaires étrangères au sujet de la réclamation contre le Portugal, qu'un conseil colonial a recommandé au gouvernement, et le ministre des affaires étrangères assure seulement « que la négociation vient » d'être reprise. »

. Ainsi pendant quatre ans on leurre d'un vain espoir les Français spoliés. On se contente d'écrire à leurs représentants légaux des promesses qui restent sans aucun effet. On temporise comme avec un créancier importun : et lorsqu'après un nouveau délai on croit arriver à quelque chose par la création de la commission qui suivit la discussion de 1837, on ne parvient qu'à réaliser une espèce de scène de comédie où les plénipotentiaires d'un petit état, qui devaient avoir des pouvoirs pour liquider des créances mutuelles, n'en apportent que pour toucher l'argent déposé depuis si long-temps comme garantie des créanciers français!!...

Dira-t-on que les fréquents changements de ministère empêchent de terminer les affaires. Mais il est des hommes capables et intègres qui restent dans les ministères quand les ministres passent. Ces hommes connaissent les négociations commencées et peuvent les traiter. Pourquoi chaque ministre à son entrée en fonctions ne donne-t-il pas ordre de lui représenter l'état des affaires en souffrances pour qu'elles soient continuées et terminées?

Il faut le dire : la faute en est à ce misérable esprit de temporisation qui éloigne autant que faire se peut la solution des difficultés, de peur seulement d'avoir à les combattre; qui se contente de vivre au jour le jour en amortissant par des paroles trompeuses les plaintes des intérêts matériels qui s'étiolent et finissent par périr dans une vaine attente.

Dira-t-on que les circonstances n'ont pas été favorables, qu'on n'a pas voulu créer des difficultés à la jeune reine de Portugal? Mais pendant un si long espace de temps, les circonstances ont changé maintes fois; et il vaut mieux que le gouvernement de la reine de Portugal passe quelques nuits sans sommeil, que de laisser périr dans la misère, en les berçant d'espérances toujours trompées, des malheureux Français dépossédés depuis si long-temps.

Loin de nous de vouloir accumuler des reproches sur le passé. Les hommes honorables qui ont été au ministère des affaires étrangères s'étonneront peut-être et éprouveront des regrets en voyant combien une affaire aussi importante a peu marché pendant un si long espace de temps. Quant à nous, nous ne pouvons qu'éprouver une profonde douleur en voyant combien, dans cette circonstance, les intérêts des sujets français ont été négligés. Un tuteur ordinaire qui administrerait ainsi les droits de son pupille mériterait d'être interdit.

La question est bien simple effectivement, et si l'on veut qu'elle ait une solution, cette solution n'est pas difficile à fonder en droit.

Le Portugal avait des réclamations à exercer contre la France antérieurement à la convention du 15 juin 1818. Ces réclamations ont été estimées à forfait à 40,900 fr. de rentes 5 p. 100. Le Portugal, moyennant cette allocation, a renoncé à toute autre prétention antérieure à cette époque. Peu importe qu'il n'ait pas donné son accession au traité dans les deux mois comme les puissances non signataires étaient invitées à le faire. Vis-à-vis de la France, la convention est parfaite. Les quatre grandes puissances qui ont stipulé avec la France l'ont fait avec les pleins pouvoirs des autres nations qu'elles représentaient aussi; et ce ne serait tout au plus que contre elles que le Portugal pourrait faire valoir son défaut d'accession. Quant à la France, nous le répétons, son droit est parfait; elle a été entièrement libérée par la dévolution de la somme de 40,900 fr. de rente au profit du Portugal, en vertu de la convention du 15 juin 1818, et le Portugal est propriétaire certain de cette rente.

Si donc la France n'a pas de droits légitimes à faire valoir contre ce royaume, elle doit l'investir du capital et des arrérages de la rente.

Mais la France a formé opposition à la délivrance de cette rente, parce que le gouvernement français en a toujours considéré le dépôt « comme une garantie en faveur des ci- » toyens français, créanciers du Portugal à divers titres. » (Lettre du ministre des affaires étrangères du 12 janvier 1836.)

La France a donc toujours conservé le droit pour ses sujets de réclamer les créances qu'ils avaient contre le Portugal antérieurement à la convention du 15 juin 1818. On ne trouve, en effet, ni dans le traité du 30 mai 1814, ni dans les actes analogues et corrélatifs qui l'ont suivi, aucune disposition, même indirecte, qui tende à établir la renonciation de la part de la France aux réclamations reconventionnelles que pourraient avoir les sujets français contre les états en faveur de qui la rente de 12,040,000 fr. avait été créée par la convention du 15 juin 1818. Les précédents établissent, au contraire, qu'avec divers états la France a compensé ses réclamations au moment de payer les derniers termes de la rente qui, d'après la convention, devait être livrée par douzièmes.

Voudrait-on délier le Portugal de l'obligation de tenir compte de la capitulation violée envers les habitants de Cayenne, en disant que, depuis la séparation du Brésil d'avec ce royaume, c'est cet empire lointain qui doit indemniser les Français de la Guyane? Nous ne pensons pas qu'on ait pu sérieusement présenter un pareil argument. C'est au nom du Portugal et de son souverain que la capitulation du 12 janvier 1809 a été consentie; c'est au nom du même souverain que l'ordonnance du 23 avril 1812 a violé les clauses expresses de cette capitulation. La séparation du Brésil d'avec le Portugal n'a pu libérer ce dernier royaume des obligations qu'il avait contractées. Tant que le royaume originaire subsiste, ce n'est pas aux états formés de ses lambeaux que les autres puissances souveraines viennent demander compte des anciens traités antérieurs à la séparation. L'état principal est celui qui conserve le siége antique et le nom de la nation avec laquelle on a traité autrefois. La grandeur du territoire ne peut être présentée comme motif de la supériorité d'un état sur l'autre en fait de traités, lorsque ce territoire consiste en grande partie en déserts et forme un royaume moins peuplé et matériellement moins fort que celui qui a été démembré. On doit décider de même, et à plus forte raison lorsque c'est une colonie qui s'est détachée de la mère-patrie.

C'est donc le Portugal qui répond de la violation de la capitulation de 1809, et c'est contre lui que les créanciers français doivent faire valoir leurs réclamations relatives à cette violation.

Quel obstacle peut-il donc y avoir à ce que ces réclamations soient exécutées et satisfaites?

Le Portugal a entre les mains du gouvernement français une somme importante. Cette somme, ce dépôt, est regardé, par ce dernier gouvernement, comme la garantie des droits des créanciers français contre le Portugal. Si les droits de ces créanciers sont légitimes, qui empêche donc le gouvernement français de leur faire la répartition de la somme qui est leur gage? qu'attend-il pour cela? « L'abandon préalable du Portugal. » (Lettre du ministre des affaires étrangères du 12 janvier 1836.) « C'est la faute du Portugal si l'affaire n'est pas encore réglée. » (Discours du ministre des affaires étrangères à la chambre des députés, *Moniteur* du 20 mai 1837.)

L'abandon du Portugal! La faute du Portugal! Mais si le Portugal, propriétaire de la rente de 40,900 fr., s'aperçoit que les réclamations élevées contre lui absorbent en tout ou en partie cette rente; qu'il n'ait plus en conséquence d'intérêt à traiter à cet égard ; qu'il espère peut-être des circonstances plus favorables, et reste ainsi sans vouloir rien terminer, faudra-t-il que la France, elle aussi, attende encore complaisamment pendant vingt autres années *l'abandon préalable* du Portugal, en se contentant de dire aux réclamants français qui mourront à la peine que c'est *la faute du Portugal* si l'affaire ne se règle pas ?

La rente de 40,900 fr. est la propriété d'une des parties. Une opposition est faite à sa délivrance. S'il s'agissait de simples particuliers et que les oppositions fussent recevables, lorsqu'il s'agit de rentes 5 p. 100, les tribunaux ordinaires jugeraient du mérite de l'opposition, du paiement à faire, et termineraient la contestation en quelque temps. Mais le propriétaire de la rente est un état souverain ; le réclamant dont cette même rente est le gage est un autre état souverain. Si l'un des deux ne veut pas agir pour arriver à la décision de la contestation née au sujet de cette rente, l'autre restera-t-il éternellement sur une ligne parallèle, en laissant sans y toucher l'objet du litige placé entre ses mains ?

Selon le droit des gens, les nations sont indépendantes, et dans les démêlés des peuples et des souverains, il n'y a pas de supérieur pour juger du mérite de la contestation. Ce droit des gens veut cependant que les affaires des peuples aient une issue. C'est donc aux nations elles-mêmes à juger dans leur conscience souveraine si le droit qu'elles veulent exercer est légitime. Lorsqu'une nation l'a reconnu tel, qu'elle a donné à la nation, dont les droits sont en opposition avec les siens, tout le temps pour agir, examiner, méditer et traiter ; lorsque celle-ci s'y refuse, la nation réclamante doit faire alors acte d'exécution, et si l'état de guerre en est la conséquence, elle n'a rien à se reprocher.

C'est un devoir sans doute pour tout gouvernement d'essayer d'abord de recouvrer par la voie des traités ce qui lui est légitimement dû, et de respecter même alors ce qui est entre ses mains comme un gage. C'est un devoir plus sacré encore de ne pas employer la force dans de pareilles circonstances, lorsqu'il en a les moyens, et que l'État avec lequel on est en litige est plus faible. Il y a de la noblesse et de la grandeur à donner alors toute latitude à l'examen et à la détermination que cet état doit prendre. Mais autant il y a de dignité à ne pas abuser de sa puissance, autant il y a de négligence et de faiblesse à se laisser entraîner dans des délais interminables pour vider une contestation dans laquelle on a la justice pour soi.

Si les réclamations des Colons français de la Guyane (dont quelques-uns ont été dépossédés parce qu'ils servaient sous le drapeau national et ne pouvaient revenir dans leur patrie lointaine); si ces réclamations avaient été écoutées; si les sommes qu'on a toujours considérées comme leur gage leur eussent été délivrées, ces capitaux, habilement employés, se seraient sans doute accrus par l'industrie et le travail. Ils auraient servi à l'agrandissement et à la prospérité de la colonie de la Guyane française, et par conséquent à la prospérité de la France, qui se compose, en grande partie, le commerce métropolitain le reconnaît hautement, de tous les débouchés, quelque restreints qu'ils soient, offerts à son industrie. Au lieu de cela, les anciennes habitations démembrées ou ruinées n'ont pas été relevées; le travail seul n'a pu réparer et recréer ce que l'abus de la conquête avait détruit. Les colons dépossédés ont vainement attendu dans la misère et dans le deuil l'effet de promesses souvent répétées et toujours oubliées. Ils offrent un nouvel et triste exemple des funestes effets de l'abandon prolongé de la défense des intérêts matériels de la France.

Le nouveau ministère fera-t-il enfin cesser ce long état d'incertitude et de malheur? Les colons de la Guyane française doivent espérer que ce simple et véridique exposé des faits sera pris en considération par le gouvernement du roi; que la question si ancienne de l'indemnité portugaise sera résolue; et qu'ils recevront enfin l'équivalent des pertes considérables qu'ils ont éprouvées par la violation de la capitulation du 12 janvier 1809.

Paris, le 15 juin 1839.

VIDAL DE LINGENDES, délégué de la Guyane française.

Le conseil soussigné,

· Après avoir pris connaissance des faits énoncés dans le mémoire ci-joint de M. Vidal de Lingendes, délégué de la Guyane française, par les motifs qui y sont exprimés, et après avoir examiné les pièces annexées,

Est d'avis :

1° Que le Portugal est propriétaire de la rente de 40,900 francs de rentes 5 pour cent à lui dévolue par suite de la convention du 15 juin 1818, et des arrérages qui ont été perçus et placés depuis par les commissaires dépositaires de cette rente ;

2° Que par aucun traité la France n'a abandonné le droit de faire valoir les réclamations des sujets français, antérieures à ladite convention du 15 juin 1818 ;

3° Que le gouvernement français a pu, en conséquence, et peut s'opposer à la délivrance de ladite rente et de ses accessoires entre les mains du gouvernement portugais, cette rente et ses accessoires étant le gage des créanciers français contre ce dernier gouvernement ;

4° Que c'est le Portugal, et non le Brésil, qui doit répondre des conséquences de la violation de la capitulation du 12 janvier 1809 ;

5° Que, vu le laps de temps qui s'est écoulé depuis les réclamations du gouvernement français, et les refus ou retards non justifiés de la part du gouvernement portugais de vouloir traiter relativement aux réclamations des habitants français de la Guyane, et d'admettre, par voie de compensation et jusqu'à due concurrence, la rente 5 pour cent créée par la convention du 15 juin 1818, et ses accessoires, il y a lieu, par le gouvernement français, de régler lui-même le montant des réclamations des habitants de la Guyane, et de les liquider au moyen de la répartition de ladite rente de 40,900 francs et de ses accessoires.

Délibéré à Paris, le 3 juin 1839.

CHARLES LEDRU.

Ont adhéré :

DELANGLE, avocat, ancien bâtonnier,
A. PAILLET, bâtonnier.
ODILON BARROT.
F. NICOD.
FERDINAND BARROT.
P. BRAVARD VEYRIÈRES.
AUGUSTE POUGET.

Le conseil soussigné adhère entièrement aux solutions qui précèdent.

A ses yeux, la demande des créanciers réclamants est d'une évidente justice ; — le droit et le devoir du gouvernement est de la protéger et de la faire valoir ; — le moyen de le faire efficacement est des plus faciles, sans recourir à la terrible ressource de la guerre.

Il ne faut qu'oser et vouloir !... Mais saura-t-on vouloir ? saura-t-on oser, même envers le Portugal ?... Toute la question est là, et elle n'est pas du domaine judiciaire.

PH. DUPIN,
Avocat, ancien bâtonnier.

La réclamation des colons de la Guyane me paraît conforme aux principes du droit inter-national non moins qu'à ceux du droit civil. — 1° La réparation du préjudice éprouvé par des nationaux ne peut être indéfiniment suspendue par les lenteurs intéressées d'un gouvernement étranger. — 2° Comme il n'y a pas de tribunal pour juger les questions inter-nationales, il faut bien que chaque gouvernement, après avoir vainement tenté la voie des négociations, arrive à se faire justice lui-même. — 3° Enfin la protection des sujets et des intérêts nationaux n'est pas seulement, pour un gouvernement, *un droit incontestable ;* c'est aussi *le premier de ses devoirs.*

L.-B. Bonjean,
Avocat aux conseils du Roi et à la Cour de Cassation.